D1273760

¿Qué pasa en la primavera?

El clima en la primavera

por Jenny Fretland VanVoorst

3 1489 00684 5448

$25.65

FREEPORT MEMORIAL LIBRARY

Bullfrog Books

Ideas para padres y maestros

Bullfrog Books permite a los niños practicar la lectura de texto informacional desde el nivel principiante. Repeticiones, palabras conocidas y descripciones en las imágenes ayudan a los lectores principiantes.

Antes de leer
- Hablen acerca de las fotografías. ¿Qué representan para ellos?
- Consulten juntos el glosario de fotografías. Lean las palabras y hablen de ellas.

Lean en libro
- "Caminen" a través del libro y observen las fotografías. Deje que el niño haga preguntas. Señale las descripciones en las imágenes.
- Lea el libro al niño, o deje que él o ella lo lea independientemente.

Después de leer
- Inspire a que el niño piense más. Pregunte: ¿Cómo es la primavera en donde vives? ¿Qué te pones para salir en la primavera?

Bullfrog Books are published by Jump!
5357 Penn Avenue South
Minneapolis, MN 55419
www.jumplibrary.com

Copyright © 2016 Jump! International copyright reserved in all countries. No part of this book may be reproduced in any form without written permission from the publisher.

Library of Congress Cataloging-in-Publication Data

Fretland VanVoorst, Jenny, 1972– author.
  [Weather in spring. Spanish]
 El clima en la primavera / por Jenny Fretland VanVoorst.
    pages cm. — (¿Qué pasa en la primavera?)
 "Bullfrog Books are published by Jump!."
 Audience: Ages 5–8.
 Audience: K to grade 3.
 Includes index.
 ISBN 978-1-62031-252-0 (hardcover: alk. paper) —
 ISBN 978-1-62496-339-1 (ebook)
 1. Spring—Juvenile literature.
 2. Weather—Juvenile literature. I. Title.
 QB637.5.F7418 2016
 508.2—dc23
                                        2015010623

Series Designer: Ellen Huber
Book Designer: Lindaanne Donohoe
Translator: RAM Translations and Breanna Berry

Photo Credits: All photos by Shutterstock except: iStock, 14–14, 16–17, 23br; ThinkStock, 3, 18, 19, 20–21, 22tl, 22bl, 22br, 24.

Printed in the United States of America at Corporate Graphics in North Mankato, Minnesota.

Tabla de contenido

Calentándose

Sale el sol.

Se derrite la nieve.

Adiós, invierno.

La primavera llegó.

La primavera es una
temporada de cambio.

Es la temporada
de crecimiento.

El sol calienta
la tierra.

Las plantas salen
del suelo.

Las aves regresan del sur.

Los animales salen
de sus madrigueras.

9

Las personas
salen también.

Benjamín
monta su bici.

No necesita
un abrigo.

La primavera también
trae la lluvia.

La lluvia hace crecer
a las plantas.

Ligia juega en la lluvia.

Brinca en los charcos.

La primavera es ventosa.
Kelly vuela una cometa.
¡Yupi!

El aire se calienta aún más.

Nacen animales bebés.

18

Las flores florecen.

Pronto será el verano.

Tipos de clima en la primavera

ventoso

soleado

lluvioso

nublado

Glosario con fotografías

brincar
Usar tus dos
pies para saltar.

madriguera
La casa de
un animal que
está debajo
de la tierra.

florecer
Cuando una
planta florece,
sus flores
se abren.

sur
La parte calurosa
del mundo donde
viven algunas
aves durante
el invierno.

Índice

Para aprender más

Aprender más es tan fácil como 1, 2, 3.

1) Visite www.factsurfer.com

2) Escriba "elclima" en la caja de búsqueda.

3) Haga clic en el botón "Surf" para obtener una lista de sitios web.

Con factsurfer.com, más información está a solo un clic de distancia.

FREEPORT MEMORIAL LIBRARY
CHILDREN'S ROOM